BEI GRIN MACHT SICH IHR WISSEN BEZAHLT

- Wir veröffentlichen Ihre Hausarbeit,
  Bachelor- und Masterarbeit

- Ihr eigenes eBook und Buch -
  weltweit in allen wichtigen Shops

- Verdienen Sie an jedem Verkauf

Jetzt bei www.GRIN.com hochladen und kostenlos publizieren

Bilanzanalyse. Besteuerungsunterschiede von Kapital- und Personengesellschaften

Moritz Kleforn

Bibliografische Information der Deutschen Nationalbibliothek:

Die Deutsche Nationalbibliothek verzeichnet diese Publikation in der Deutschen Nationalbibliografie; detaillierte bibliografische Daten sind im Internet über http://dnb.d-nb.de abrufbar.

ISBN: 9783346577221
Dieses Buch ist auch als E-Book erhältlich.

Druck und Bindung: Books on Demand GmbH, Norderstedt Germany
Gedruckt auf säurefreiem Papier aus verantwortungsvollen Quellen

Das vorliegende Werk wurde sorgfältig erarbeitet. Dennoch übernehmen Autoren und Verlag für die Richtigkeit von Angaben, Hinweisen, Links und Ratschlägen sowie eventuelle Druckfehler keine Haftung.

Das Buch bei GRIN: https://www.grin.com/document/1163953

Einsendeaufgabe

Alternative C

Bilanzanalyse, Besteuerungsunterschiede von Kapital- und Personengesellschaften

Hochgeladen am 04.01.2021 im Hochschulmodul.

Modul: Bilanzpolitik

Studiengang: Betriebswirtschaft und Management (B. A.)

Von
Moritz Tim Alexander Kleforn

Inhaltsverzeichnis

Abkürzungsverzeichnis

Abs.	Absatz
AG	Aktiengesellschaft
BGB	Bürgerliches Gesetzbuch
bspw.	beispielsweise
EStG	Einkommensteuergesetz
GewStG	Gewerbesteuergesetz
GmbH	Gesellschaft mit beschränkter Haftung
GuV	Gewinn- und Verlustrechnung
HGB	Handelsgesetzbuch
KStG	Körperschaftsteuergesetz
Nr.	Nummer
sog.	sogenannt
u. a.	unter anderem
z. B.	zum Beispiel

Abbildungsverzeichnis

Tabellenverzeichnis

1 Bilanzanalyse

Auf den folgenden Seiten soll eine Bilanzanalyse des operativen Teils des Jahresabschlusses der Daimler AG stattfinden. Bevor dies geschieht, leitet der theoretische Teil in die Thematik ein.

1.1 Theorie der Bilanzanalyse

Die Bilanzanalyse, die Teil der übergeordneten Unternehmensanalyse ist, folgt keiner gesetzlichen Festlegung und damit keiner einheitlichen Vorgehensweisen, ebenso haben anwendbare Kennzahlen keine allgemeingültigen Definitionen. Des Weiteren können nicht alle Berufsgruppen mit einander verglichen werden, so wie z. B. ein Versicherungs- mit einem produzierenden Unternehmen.[1]

Grundsätzlich muss jeder buchführungspflichtige Unternehmer und derjenige, der freiwillig Bücher führt, eine Bilanzanalyse durchführen (lassen). Sollte das Unternehmen diesem selbst nachkommen, handelt es sich um eine interne Bilanzanalyse. Im anderen Fall wird von einer externen Bilanzanalyse gesprochen.[2]

Die Bilanzanalyse bezieht sich nicht nur auf einen bestimmten Zeitpunkt, sondern auch darüber hinaus. Außerdem braucht es für ihre korrekte Deutbarkeit Kenntnisse über die Bilanzierungsregeln sowie den Vergleich mit anderen Unternehmen derselben Branche und den rückblickenden Vergleich mit den Vorjahren. Daher sollte sie auch Auskunft über diese Aspekte geben können.[3]

Neben der Tatsache, dass die aus der Bilanzanalyse erzielten Informationen als Grundlage für zukünftige Entscheidungen dienen, kommt sie auch dem Informationswunsch unterschiedlicher Interessenten nach, die in erster Linie – anders als das Unternehmen, welches primär an einer positiven Darstellung Interesse hat – daran interessiert sind, ob die verlautbarten Ertragsziele einer

---

[1] Vgl. *Heesen/Gruber* (2018), S. 10.
[2] Vgl. *Nickenig* (2018), S. 13.
[3] Vgl. *Kühnel* et al. (2020), S. 10.

Berichtsperiode erfüllt wurden.[4] Hierzu zählen bspw. Fremd- und Eigenkapitalgeber, Arbeitnehmer, Lieferanten und Rating-Agenturen (externe) sowie das Finanzamt, das Kontrollorgan und die Unternehmensleitung (interne Anspruchsgruppen).[5] Eine weitere Differenzierung gibt es durch die qualitative Bilanzanalyse, die die Bilanz und deren Komponenten in verbaler Form auswertet und ihrem quantitativen Pendant, welche sich auf Kennzahlen stützt.[6] Dagegen haben alle Bilanzanalysen den Jahresabschluss und den Lagebericht als Basis.[7] Aus Platzgründen wird nun nur der Jahresabschluss betrachtet.

1.1.1 Jahresabschluss

Der Jahresabschluss dient u. a. der Ermittlung und Ausweisung des Gewinns, der unter Beachtung der Vorsichtigkeit und der Kapitalerhaltung entzogen werden kann. Außerdem ist er durch das sog. Maßgeblichkeitsprinzip der Handelsbilanz für die Steuerbilanz die Besteuerungsgrundlage, wonach also die Gewinnermittlungsfunktion auch für die Besteuerung verantwortlich ist. Die Gewinnermittlung übernimmt zusammen mit der Ausschüttungsbemessung eine Informationsfunktion für die Abgrenzung zwischen Gesellschafter, Aktionäre, Geschäftsführer und Vorstände (die sog. Kompetenzabgrenzungsfunktion).[8]

Der Jahresabschluss besteht grundsätzlich aus Bilanz und GuV. Dabei ist zu beachten, dass es die handelsrechtliche und die steuerrechtliche Bilanz gibt, die als Vorlage bei den Finanzverwaltungen dient. Während große Gesellschaften zwingend beide Bilanzen erstellen müssen, reicht in kleineren ein Abschluss.[9]

Für Einzelunternehmen und Personengesellschaften sind die Bilanz sowie die GuV als Instrumente der Rechnungslegung anzusehen; sie sind aber an keine Bilanzgliederung gebunden. Für Kapitalgesellschaften kommen als Bestandteil

---

[4] Vgl. *Nickenig* (2018), S. 13. *Kühnel* et al. (2020),S. 11, 23.
[5] Vgl. *Baetge* et al. (2004), S. 15.
[6] Vgl. *Nickenig* (2018), 17, 19.
[7] Vgl. *Kühnel* et al. (2020), S. 131.
[8] Vgl. *Heesen/Gruber* (2018), S. 1–2.
[9] Vgl. *Heesen/Gruber* (2018), S. 2.

des Jahresabschlusses der Anhang und der Lagebericht hinzu, sofern sie die in §267 HGB vorgeschriebenen Vorgaben erfüllen.[10]

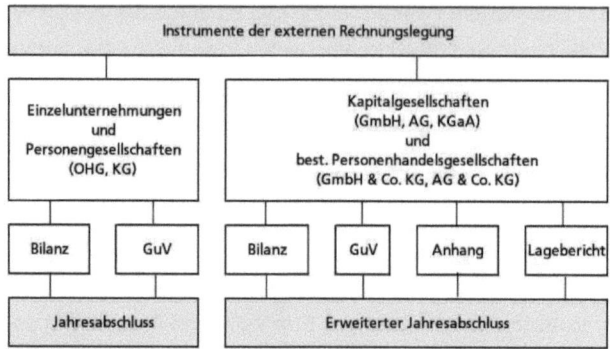

Abbildung 1 - Bestandteile des Jahresabschlusses[11]

Die **Bilanz** muss dem Grundsatz der Bilanzwahrheit, der Klarheit und Übersichtlichkeit, der Vollständigkeit, der periodengerechten Abgrenzung, der Bilanzidentität, der Unternehmensfortführung, der Einzelbewertung und der Vorsicht entsprechen. Außerdem wird in der Bilanz das Vermögen auf der Aktivseite und das Kapital auf der Passivseite postenweise zusammengefasst. Bei ihrer Erstellung gilt es die Grundsätze ordnungsmäßiger Buchführung und eine angemessene Frist nach dem Stichtag einzuhalten. Außerdem ist sie in deutscher Sprache und in Euro aufzustellen sowie mit Datum und Unterschrift(en) auszuweisen.[12]

Die Gliederung einer Bilanz ist jedoch von der Rechtsform abhängig. So gibt es zum einen Nicht-Kapitalgesellschaften (Einzelkaufleute und Personengesellschaften), die die Bilanz klar, übersichtlich und nach den GoB ausrichten müssen. Zum anderen gibt es Kapitalgesellschaften, die verpflichtet sind, eine gesetzlich gegliederte Bilanz aufzustellen. Kleine Kapitalgesellschaften können ebendiese verkürzt aufstellen, sodass die Gliederung durch Buchstaben und römischen Zahlen die vorgeschriebene Reihenfolge darstellt. Große und mittelgroße Kapitalgesellschaften müssen die im Gliederungsschema des Gesetzes

---

[10] Vgl. *Heesen/Gruber* (2018), S. 5–6; *Matthiesen* (2018), S. 27.
[11] *Matthiesen* (2018), S. 27.
[12] Vgl. *Nickenig* (2018), S. 7–11; *Heesen/Gruber* (2018), S. 6.

genannten Posten der Aktivseite und der Passivseite gesondert und in der vorgeschriebenen Reihenfolge ausweisen.[13]

Um überhaupt eine aussagefähige und in Kapitel 1.2 auffindbare quantitative Bilanzanalyse durchführen zu können, ist eine <u>Strukturbilanz</u>, in der die Bilanzpo-
sitionen zu einer überschaubaren Struktur zusammengefasst sind, nötig. Ihre Erstellung hat zur Folge, dass aufgrund der Gliederung, die allerdings nicht in jedem
Unternehmen nach gleichen Kriterien erfolgen muss, dass eine möglichst simple
und aussagekräftige Analyse durch Kennziffern möglich wird.[14]

Bilanz zum…		
Aktiva		**Passiva**
A Anlagevermögen	A Eigenkapital	
1. Immaterielle Vermögensgegenstände	1. Gezeichnet Kapital	
2. Sachanlagen	2. Kapitalrücklage	
3. Finanzanlagen	3. Gewinnrücklage	
	4. Gewinnvortrag/Verlustvortrag	
B Umlaufvermögen	5. Jahresüberschuss/Jahresfehlbetrag	
1. Vorräte		
2. Forderungen und sonstige Vermögensgegenstände	B Rückstellungen	
3. Wertpapiere		
4. Schecks, Kassenbestand, Postgiro-und	C Verbindlichkeiten	
Bundesbankguthaben, Guthaben bei		
	D Rechnungsabgrenzungsposten	
C Rechnungsabgrenzungsposten		
Summe Aktiva		**Summe Passiva**

Abbildung 2 - Beispiel für den Aufbau einer Strukturbilanz[15]

Die **GuV** ist eine Zahlenwerk, das alle Geschäftsvorfälle vom ersten bis zum letz-
ten Tag einer Periode addiert (sie ist also nicht wie die Bilanz stichtags-, sondern
zeitraumbezogen). Somit werden alle Aufwendungen und Erträge einer Periode
kumuliert sowie ein Vorsteuerertrag per Saldierung ausgewiesen. Ihre Gliede-
rungsvorschrift findet sich in § 275 HGB.[16]

Der **Anhang** erläutert und ergänzt Positionen in Bilanz und GuV (§§ 284, 285
HGB). Hierzu zählen bspw. verwendete Bilanzierungs- und Bewertungsmetho-
den, Abweichungen zu ebendiesen sowie die Entwicklung der Anlagegüter im

---

[13] Vgl. *Heesen/Gruber* (2018), S. 6.
[14] Vgl. *Wünsche* (2016), S. 422; *Nickenig* (2018), S. 20–21.
[15] Vgl. *Sellhorn* et al. (2015), S. 29.
[16] Vgl. *Heesen/Gruber* (2018), S. 11; Vgl. *Nickenig* (2018), S. 5.

Anlagenverzeichnis nebst Abschreibungen. Durch den Anhang sollen willkürliche Interpretationen vermieden werden.[17]

1.1.2 Schritte einer Bilanzanalyse

Neben den Kennzahlen, gibt es 7 Schritte, die den Umgang mit einer Bilanzanalyse erleichtern. So beginnt die Bilanzanalyse mit einem Analyseziel, sodass ein konkretes Ziel für die Bilanzanalyse festgelegt wird. Danach erfolgt die allgemeine Datensammlung, bei der makroökonomische und wettbewerbsbezogene Daten sowie Firmenspezifika (z. B. Kundenstruktur) zusammengetragen werden. Im Anschluss daran werden Angaben des Jahresabschlusses in ein standardisiertes Raster übertragen, damit vergleichbare Kennzahlen resultieren können. Ebenso finden eine Kennzahlenbildung sowie eine Auswahl und Interpretation ebendieser statt. Zu guter Letzt erfolgt ein Gesamturteil, welches rein quantitativ (mittels Punktewert aus der Aggregation von Einzelkriterien) oder aus einer Kombination aus quanti- und qualitativen Informationen erfolgen kann. Dadurch sind außerdem Rückschlüsse auf die gesammelten Daten möglich.[18]

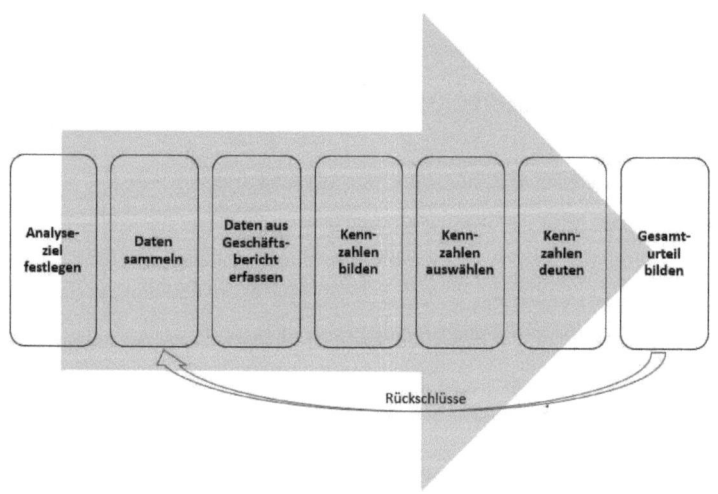

Abbildung 3 - Schritte der Bilanzanalyse[19]

---

[17] Vgl. *Nickenig* (2018), S. 6.
[18] Vgl. *Kühnel* et al. (2020), S. 17–22.
[19] Vgl. *Baetge* et al. (2004), S. 25.

Im nun folgenden Anschluss werden die Schritte 4 bis 6 anhand des Geschäfts-berichts 2019 der Daimler AG zusammengefasst.

1.2 Kennzahlenanalyse

Die Kennzahlenanalyse, die den eigentlichen Kern der Bilanzanalyse darstellt, führt zu einer Verdichtung des Zahlenmaterials zu den jeweiligen Kennzahlen. Dabei ist deren Aussagefähigkeit erst dann adäquat, wenn Vergleiche herangezogen werden. So gibt es zum einen den Soll-Ist-Vergleich, für den Zielwerte (Sollwerte) festgelegt und mit den ermittelten Ist-Werten verglichen werden, den Wettbewerbsvergleich, bei dem die Kennzahlen mit Werten geeigneter Konkurrenten oder dem Marktdurchschnitt verglichen werden und den Zeitvergleich, bei dem dieselben Kennzahlen unterschiedlicher Jahre verglichen werden.[20]

1.2.1 Kennzahlen zur Vermögenslage

Die Kennzahlen der Vermögenslage betrachten die Aktivseite der Bilanz und werden im Folgenden beispielhaft vorgestellt. Grundsätzlich gilt die Aktivseite als stark branchenabhängig, da Industrieunternehmen ein höheres Anlagevermögen als Dienstleistungsunternehmen verantworten.[21]

Anlagenintensität: Eine hohe Anlagenintensität lässt auf eine hohe Kapitalbindung schließen. So hat die Besorgung von vielen Gütern des Anlagevermögens ein entsprechendes Einsetzen von Kapital zur Folge, welches nicht mehr für kurzfristige Verbindlichkeiten zur Verfügung steht. Dadurch muss sich für die laufenden Geschäfte entweder an dem verbliebenen Bank- oder Kassenguthaben bedient werden oder es muss fremdes Kapital beschafft werden. Der Vorteil dieser Intensität ist, dass sie eine Sicherheit für Banken vorweisen kann. Der Nachteil sind hohe Fixkosten, ein hoher Kapitalbedarf und ein geringerer

---

[20] Vgl. *Sellhorn* et al. (2015), S. 78–81.
[21] Vgl. *Schempf* et al. (2018), S. 48.

11

Handlungsspielraum bei Auslastungsschwankungen. Im Normalfall weisen industriell fertigende Unternehmen eine hohe Anlagenintensität aus, als Richtwert gelten 40-70 %.[22]

Grundsätzliche Formel	Angewendete Formel auf 2019/2018[23]	
$\left(\dfrac{Anlagevermögen}{Gesamtvermögen}\right)*100$	$\left(\dfrac{174.638}{302.438}\right)*100 = 57,74\%$	$\left(\dfrac{160.006}{281.619}\right)*100 = 58,82\,\%$

Tabelle 1 - Anlagenintensität[24]

Der Vergleich zeigt, dass die Intensität abgenommen hat (von 58,82 auf 57,74 %). Deshalb steht bspw. mehr Kapital für kurzfristige Verbindlichkeiten zu Verfügung. Beide Kennzahlen sind innerhalb des erwartbaren Prozentbereichs.

Vorratsintensität: Eine hohe Vorratsintensität lässt den Schluss zu, dass es in Form von Waren nicht veräußert werden konnte. Dafür kann entweder veraltete Waren, eine falsche Kalkulation oder eine falsche Trendeinschätzung verantwortlich sein. Eine hohe Intensität kann aber auch auf prosperierende Geschäfte hindeuten, da für kurzfristige Lieferungen ausreichend Vorräte vorhanden sein sollten. Darum ist diese Intensität eher durch einen Wettbewerbsvergleich aufschlussreich.[25]

Grundsätzliche Formel	Angewendete Formel auf 2019/2018[26]	
$\left(\dfrac{Vorräte}{Gesamtvermögen}\right)*100$	$\left(\dfrac{29.757}{302.438}\right)*100 = 9,84\,\%$	$\left(\dfrac{29.489}{281619}\right)*100 = 10,47\,\%$

Tabelle 2 - Vorratsintensität[27]

Sowohl die Vorratsintensität von 10,47 % (2018), als auch von 9,84 % (2019) sind sehr niedrig. Es wird an dieser Stelle angenommen, dass dies auf einer guten Trendforschung, einer guten Kalkulation und einem flüssigen Verkauf basiert.

[22] Vgl. *Nickenig* (2018), S. 21; *Kühnel* et al. (2020); *microtech* (o. J.), o. S.
[23] Vgl. *Daimler AG* (2020), S. 226.
[24] Eigene Darstellung
[25] Vgl. *Nickenig* (2018), S. 22–23.
[26] Vgl. *Daimler AG* (2020), S. 226.
[27] Eigene Darstellung

Umlaufintensität: Mittels der Umlaufintensität wird der Anteil des Umlaufvermögens am Gesamtvermögen deutlich. Hohe Kassen- oder Bankbestände sowie Vorräte fördern eine hohe Umlaufintensität und deuten auf eine hohe Liquidität hinsichtlich des Gesamtvermögens hin.[28] Es gilt ein Richtwert von 50 %.[29]

Grundsätzliche Formel	Angewendete Formel auf 2019/2018[30]	
$\left(\dfrac{Umlaufvermögen}{Gesamtkapital}\right) * 100$	$\left(\dfrac{127.800}{302.438}\right) * 100 = 42,26\,\%$	$\left(\dfrac{121.613}{281.619}\right) * 100 = 43,18\,\%$

Tabelle 3 - Umlaufintensität[31]

Beide Ergebnisse weisen einen Wert unter 50 % auf (42,26 und 43,18 %). Außerdem ist Intensität leicht rückläufig (0,92 %) und sollte nicht zum Trend werden.

1.2.2 Kennzahlen zur Finanzlage

Die Kennzahlen zur Finanzlage betrachten die Kapitalstruktur und die Liquidität. Erstere geht den Fragen nach, ob sich die Struktur und die Fristigkeit der Kapitalausstattung verändert und ob Ausstattung und Struktur dem Unternehmenszweck angepasst sind. Die Liquiditätsanalyse geht der Frage nach, ob künftigen Zahlungsverpflichtungen nachgekommen werden kann.[32]

Eigenkapitalquote: Durch die Quote wird der Anteil des Eigenkapitals am Gesamtkapital angegeben. Eine hohe Eigenkapitalquote schützt vor Insolvenz, wogegen eine Quote von weit unter 40 % auf eine mögliche finanzielle schwierige Lage hindeutet, außerdem ist sie für eine Fremdfinanzierung maßgeblich.[33]

---

[28] Vgl. *Nickenig* (2018), S. 21–22; *Kühnel* et al. (2020), S. 50.
[29] Vgl. *microtech* (o. J.), o. S.
[30] Vgl. *Daimler AG* (2020), S. 226.
[31] Eigene Darstellung
[32] Vgl. *Kühnel* et al. (2020), 53, 58.
[33] Vgl. *Nickenig* (2018), S. 23; *microtech* (o. J.), o. S.

Grundsätzliche Formel	Angewendete Formel auf 2019/2018[34]	
$\left(\dfrac{Eigenkapital}{Gesamtkapital}\right) * 100$	$\left(\dfrac{62.841}{302.438}\right) * 100 = 20,78\ \%$	$\left(\dfrac{66.053}{281.619}\right) * 100 = 23,45\ \%$

Tabelle 4 - Eigenkapitalquote[35]

Die Quoten beider Jahre liegen weit unter 40 %. Außerdem hat sich Quote aus 2018 noch 2,67 % (von 23.45 auf 20,78 %) reduziert.

Fremdkapitalquote: Ein hohes Fremdkapital im Vergleich zum Gesamtkapital deutet auf finanzielle Schwierigkeiten hin, da es das Eigenkapital final reduziert.[36] Um als kreditwürdig zu gelten, sollte die Quote unter 50 % liegen.[37]

Grundsätzliche Formel	Angewendete Formel auf 2019/2018[38]	
$\left(\dfrac{Fremdkapital}{Gesamtkapital}\right) * 100$	$\left(\dfrac{105.802}{302.438}\right) * 100 = 34,98\ \%$	$\left(\dfrac{97.952}{281.619}\right) * 100 = 34,78\ \%$

Tabelle 5 - Fremdkapitalquote[39]

Die Berechnungen zeigen im betrachteten Zeitraum eine fast identische Fremdkapitalquote (34,78 %, 34,98 %). Die Quoten sind auch insgesamt positiv gering.

Verschuldungsgrad: Durch den Verschuldungsgrad wird angegeben, wie hoch der Anteil des Fremdkapitals am Eigenkapital ist.[40] Ein Wert von über 200 % deutet auf eine unsolide Finanzierung hin und fördert das Insolvenzrisiko.[41]

Grundsätzliche Formel	Angewendete Formel auf 2019/2018[42]	
$\left(\dfrac{Fremdkapital}{Eigenkapital}\right) * 100$	$\left(\dfrac{105.802}{62.841}\right) * 100 = 168,36\ \%$	$\left(\dfrac{97.952}{66.053}\right) * 100 = 148,29\ \%$

Tabelle 6 - Verschuldungsgrad[43]

---

[34] Vgl. *Daimler AG* (2020), S. 226.
[35] Eigene Darstellung
[36] Vgl. *Nickenig* (2018), S. 24.
[37] Vgl. *microtech* (o. J.), o. S.
[38] Vgl. *Daimler AG* (2020), S. 226.
[39] Eigene Darstellung
[40] Vgl. *Nickenig* (2018), S. 24.
[41] Vgl. *microtech* (o. J.), o. S.
[42] Vgl. *Daimler AG* (2020), S. 226.
[43] Eigene Darstellung

Das Fremdkapital hat 2019 1,68-fache (168,36 %) des Eigenkapitals ausgemacht. Innerhalb eines Jahres gab es außerdem eine Steigerung von etwa 20 % (von 148,29 auf 168,36 %). Insgesamt keine gute Entwicklung, auch wenn derzeit noch unter 200 %.

Selbstfinanzierungsgrad: Dieser Grad, der Gewinnrücklagen mit Eigenkapital vergleicht, zeigt auf, inwieweit das Unternehmen selbst Eigenkapital erwirtschaften kann. Es gilt als Indikator für Wachstumsstärke und Innovationsbereitschaft.[44]

Grundsätzliche Formel	Angewendete Formel auf 2019/2018[45]	
$\left(\dfrac{Gewinnrücklagen}{Eigenkapital}\right) * 100$	$\left(\dfrac{46.329}{62.841}\right) * 100 = 73,72\ \%$	$\left(\dfrac{49.490}{66.053}\right) * 100 = 74,92\ \%$

Tabelle 7 - Selbstfinanzierungsgrad[46]

Der Kennzahlen weisen eine moderate Verringerung von 1,20 % (von 74,92 % auf 73,72 %) auf. Sollte sich dieser Trend fortsetzen, wäre es kein guter Trend.

Bilanzkurs: Durch den Bilanzkurs wird das Eigen- mit dem Gesamtkapital verglichen, wodurch künftige Ertragserwartungen eingeschätzt werden. Ein höherer Börsenkurs könnte positive Erwartungen der Anteilseigner zur Folge haben.[47]

Grundsätzliche Formel	Angewendete Formel auf 2019/2018[48]	
$\left(\dfrac{Eigenkapital}{Gesamtkapital}\right) * 100$	$\left(\dfrac{62.841}{302.438}\right) * 100 = 20,78\ \%$	$\left(\dfrac{66.053}{281.619}\right) * 100 = 23,45\ \%$

Tabelle 8 - Bilanzkurs[49]

Pensionsrückstellungsquote: Bei dieser Quote stehen insbesondere Pensionsrückstellungen im Fokus, da ebendiese durch ihre Langefristigkeit die größte Finanzierungswirkung haben.[50]

---

[44] Vgl. *Kühnel* et al. (2020), S. 57.
[45] Vgl. *Daimler AG* (2020), S. 226.
[46] Eigene Darstellung
[47] Vgl. *Kühnel* et al. (2020), S. 57.
[48] Vgl. *Daimler AG* (2020), S. 226.
[49] Eigene Darstellung
[50] Vgl. *Kühnel* et al. (2020), S. 58.

Grundsätzliche Formel	Angewendete Formel auf 2019/2018[51]	
$\left(\dfrac{Pensionsrückstellungen}{Gesamtkapital}\right) * 100$	$\left(\dfrac{9.728}{302.438}\right) * 100 = 3,22\,\%$	$\left(\dfrac{7.393}{281.619}\right) * 100 = 2,63\,\%$

Tabelle 9 - Pensionsrückstellungsquote[52]

Anlagendeckungsgrad I: Der erste Deckungsgrad gibt Auskunft darüber, wie sehr langfristige Investitionen durch das Eigenkapital gedeckt sind. Als Richtwert gilt 70-100%.[53]

Grundsätzliche Formel	Angewendete Formel auf 2019/2018[54]	
$\left(\dfrac{Eigenkapital}{Anlagevermögen}\right) * 100$	$\left(\dfrac{62.841}{174.638}\right) * 100 = 35,98\,\%$	$\left(\dfrac{66.053}{160.006}\right) * 100 = 41,28\,\%$

Tabelle 10 - Anlagendeckungsgrad I[55]

Beide Deckungsgrade unterschreiten den Richtwert von 70-100 % deutlich. Außerdem ist ein Rückgang von 5,3 % (von 41,28 auf 35,89 %) zu verzeichnen.

Anlagendeckungsgrad II: Der zweite Anlagendeckungsgrad betrachtet neben dem Eigenkapital auch das langfristige Fremdkapital. Güter des Anlagevermögens sollten immer durch langfristiges Kapital gedeckt sein (goldene Bilanzregel). Hier gilt ein Richtwert von über 100 %.[56]

Grundsätzliche Formel	$\left(\dfrac{Eigenkapital + langfr.Fremdkapital}{Anlagevermögen}\right) * 100$
Angewendete Formel auf 2019[57]	$\left(\dfrac{62.841 + 133.795}{174.638}\right) * 100 = 112,57\,\%$
Angewendete Formel auf 2018[58]	$\left(\dfrac{66.053 + 117.614}{160.000}\right) * 100 = 114,79\,\%$

---

[51] Vgl. *Daimler AG* (2020), S. 226.
[52] Eigene Darstellung
[53] Vgl. *Kühnel* et al. (2020), S. 59; *microtech* (o. J.), o. S.
[54] Vgl. *Daimler AG* (2020), S. 226.
[55] Eigene Darstellung
[56] Vgl. *Kühnel* et al. (2020), S. 59; *Nickenig* (2018), S. 26; *microtech* (o. J.), o. S.
[57] Vgl. *Daimler AG* (2020), S. 226.
[58] Vgl. *Daimler AG* (2020), S. 226.

Tabelle 11 - Anlagendeckungsgrad II[59]

Auch wenn ein Rückgang von 2,22 % (von 114,79 auf 112,57 %) zu verzeichnen ist, wird der Richtwert von 100 % in beiden Jahren nicht unterschritten.

Liquidität 1. Grades: Bei dieser Kennziffer werden die flüssigen Mittel mit den kurzfristigen Verbindlichkeiten ins Verhältnis gesetzt. Ein Richtwert von 10-30% gilt als normal.[60]

Grundsätzliche Formel	Angewendete Formel auf 2019/2018[61]	
$\left(\dfrac{Fl\ddot{u}ssige\ Mittel}{Kurzfr.\ Verbindlichkeiten}\right)*100$	$\left(\dfrac{18.883}{105.802}\right)*100$ $= 17,85\,\%$	$\left(\dfrac{15.853}{97.952-212}\right)*100 = 16,22\,\%$

Tabelle 12 - Liquidität 1. Grades[62]

Beide Kennzahlen (16,22 und 17,85 %) fallen in den normalen Richtwert von 10-30%. Außerdem ist ein leichter Anstieg von 1,63 % zu verzeichnen.

Liquidität 2. Grades: Bei der Liquidität 2. Grades fließen kurzfristige Forderungen mit ein. Grundsätzlich sollte die Prozentzahl über 100 bis ca. 120 liegen. Bei unter 100 % sollten Laufzeiten und Zahlungsmöglichkeiten ausgelotet werden.[63]

Grundsätzliche Formel	$\left(\dfrac{Liquide\ Mittel\ +\ kurzfr.\ Forderungen}{Kurzfr.\ Verbindlichkeiten}\right)*100$
Angewendete modifizierte Formel auf 2019[64]	$\left(\dfrac{127.800-29.757}{105.802}\right)*100 = 92,67\,\%$
Angewendete modifizierte Formel auf 2018[65]	$\left(\dfrac{121.613-29.489-531}{97.952-212}\right)*100 = 93,71\,\%$

Tabelle 13 - Liquidität 2. Grades[66]

---

[59] Eigene Darstellung
[60] Vgl. *Nickenig* (2018), S. 27; *microtech* (o. J.), o. S.
[61] Vgl. *Daimler AG* (2020), S. 226.
[62] Eigene Darstellung
[63] Vgl. *Nickenig* (2018), S. 27.
[64] Vgl. *Daimler AG* (2020), S. 226.
[65] Vgl. *Daimler AG* (2020), S. 226.
[66] Eigene Darstellung

Beide Kennzahlen (93,71 und 92,67 %) liegen unter 100 %, was eine Überprüfung von Laufzeiten und Zahlungsmöglichkeiten bedarf. Die Zahlungsfähigkeit gilt als gefährdet.[67]

Liquidität 3. Grades: Neben den Bestandteilen der Liquidität 1. und 2. Grades kommen nun noch die Vorräte hinzu. Sollte das Ergebnis unter 120 % liegen, sind ggf. Güter des Anlagevermögens kurzfristig finanziert, was gegen die goldene Bilanzregel verstößt.[68]

Grundsätzliche Formel	$\left(\dfrac{Liquide\ Mittel + kurzfr.\ Forderungen + Vorräte}{Kurzfristige\ Verbindlichkeiten} \right) * 100$
Angewendete modifizierte Formel auf 2019[69]	$\left(\dfrac{127.800}{105.802} \right) * 100 = 123,79\ \%$
Angewendete modifizierte Formel auf 2018[70]	$\left(\dfrac{121.613 - 531}{97.952 - 212} \right) * 100 = 123,88\ \%$

Tabelle 14 - Liquidität 3. Grade[71]

Bei Kennzahlen sind mit 123,88 und 123,79 % oberhalb von 120 %.

Cashflow aus operativer Geschäftstätigkeit: Grundsätzlich geben Cashflow-Rechnungen Auskunft über das Finanzierungspotenzial. Der Cashflow aus operativer Geschäftstätigkeit lässt die Beurteilung zu, ob Liquiditätsüberschüsse aus dem Leistungsprozess entstehen können.[72] Für 2018 beläuft sich ebendieser auf 343 Mio. Euro, für 2019 sind 27.888 Mio. Euro ausgewiesen.[73]

Cashflow-Umsatzrate: Wie viel Prozent des Umsatzes zur Eigenfinanzierung durch liquide Mittel zufließt, wird durch das Verhältnis zwischen Cashflow und Umsatz angegeben. Ein hoher Prozentsatz verdeutlicht einen hohen Anteil der Umsätze, die für Investitionen zur Verfügung stehen.[74]

---

[67] Vgl. *microtech* (o. J.), o. S.
[68] Vgl. *Nickenig* (2018), S. 28.
[69] Vgl. *Daimler AG* (2020), S. 226.
[70] Vgl. *Daimler AG* (2020), S. 226.
[71] Eigene Darstellung
[72] Vgl. *Kühnel* et al. (2020), S. 64.
[73] Vgl. *Daimler AG* (2020), S. 224.
[74] Vgl. *Kühnel* et al. (2020), S. 64.

Grundsätzliche Formel	$\left(\dfrac{BruttoCashflow\ aus\ operativer\ Geschäftstätigkeit}{Umsatzerlöse}\right) * 100$
Angewendete modifizierte Formel auf 2019[75]	$\left(\dfrac{3.830 + 7.751 + 24 - 761}{172.745}\right) * 100 = 6,28\,\%$
Angewendete modifizierte Formel auf 2018[76]	$\left(\dfrac{10.595 + 6.305 - 872 - 178}{167.362}\right) * 100 = 9,47\,\%$

Tabelle 15 - Cashflow-Umsatzrate[77]

Die Umsatzraten sind zum einen sehr gering und zum anderen ist eine Reduzierung von 3,19 % (von 9,47 auf 6,28 %) zu verzeichnen.

Dynamischer Verschuldungsgrad: Während der statische Verschuldungsgrad lediglich das Verhältnis zur Kapitalverteilung aufzeigt, gibt der dynamische Verschuldungsgrad Auskunft über die Anzahl der Jahre, die das Unternehmen benötigt, um seine Schulden aus eigener Kraft begleichen zu können. Je höher der Quotient aus der Differenz von Finanzverbindlichkeiten und -anlagen, desto schlechter ist die Finanzlage; ein Wert bis zu ungefähr 3,5 Jahren gilt als gut.[78]

Grundsätzliche Formel	$\left(\dfrac{Finanzverbindlichkeiten - Finanzanlagen}{Cashflow\ aus\ operativer\ Geschäftstätigkeit}\right)$
Angewendete Formel auf 2019[79]	$\left(\dfrac{99.179 + 62.601 - 18.883 - 3.347}{7.888}\right) = 17,69$
Angewendete Formel auf 2018[80]	$\left(\dfrac{88.662 + 56.240 - 15.853 - 2.763}{343}\right) = 357,75$

Tabelle 16 - Dynamischer Verschuldungsgrad[81]

Der Wert von 3,5 Jahren wird 2018 mit 357,75 Jahren exorbitant überschritten. Im Vergleich dazu, sind die ausgewiesenen 17,69 Jahre für 2019 sehr gut und gehen in die richtige Richtung.

---

[75] Vgl. *Daimler AG* (2020), S. 224, 226.
[76] Vgl. *Daimler AG* (2020), S. 224, 226.
[77] Eigene Darstellung
[78] Vgl. *Kühnel* et al. (2020), S. 64–65.
[79] Vgl. *Daimler AG* (2020), S. 224, 226.
[80] Vgl. *Daimler AG* (2020), S. 224, 226.
[81] Eigene Darstellung

2 Besteuerungsunterschiede zwischen Kapital- und Personengesellschaften

Es gilt zu klären, welche Rechtsform – zur Auswahl stehen die OHG und die GmbH –Maxx und Mohritz unter steuerlichen Gesichtspunkten für ihren Buchgroßhandel wählen sollten, wenn Sie für das erste Jahr einen kalkulierten Unternehmensrohertrag von 190.000 € sowie ein jeweiliges Geschäftsführergehalt von 35.000 € ansetzen. Außerdem sollen ertragsteuerliche Besteuerungsunterschiede von Kapital- und Personengesellschaften beleuchtet werden.

Um sich dieser Vorgabe anzunähern, werden in Kapitel 2.1 die Differenzen von Kapital und Personengesellschaften hinsichtlich ihrer ertragssteuerlichen Besteuerung dargelegt, bevor in Kapitel 2.2 die Empfehlung für die Inhaber des Buchgroßhandels ausgesprochen wird.

2.1 Ertragssteuerliche Besteuerung von Kapital und Personengesellschaften

Die ertragsteuerliche Belastung des Unternehmensgewinns hängt grundsätzlich von der Rechtsform des Unternehmens ab, sodass deren Wahl sehr bedeutsam ist. Außerdem ist die Unternehmensbesteuerung von einem Dualismus geprägt, sodass auf der einen Seite die Einzelunternehmen und die Personengesellschaften stehen sowie auf der anderen Seite die Kapitalgesellschaften. [82]

2.1.1 Ertragssteuerliche Besteuerung von Personengesellschaften

Der Dualismus seitens der Personengesellschaft wird dadurch verkörpert, dass die sog. Steuersubjektivität fehlt, wonach den Unternehmern – sofern sie natürliche Personen sind – Kapital sowie Gewinne und Verluste einkommensteuerlich

---

[82] Vgl. *Schreiber* (2017), S. 10.

zugerechnet werden, sofern es nach dem Gewinnverteilungsschlüssel abläuft. Die Entnahme des Gewinns ist dabei keine Voraussetzung.[83]

Somit ist also jeder Gesellschafter im Sinne des Ertragssteuerrechts selbst steuerpflichtig – und nicht die Gesellschaft, die nicht als Steuersubjekt gilt – und muss seiner Steuerlast – die korrekte Begrifflichkeit in diesem Kontext ist die Einkommensteuer[84] – im selben Jahr der Gewinnfeststellung nachkommen. Daher wird hierbei auch von dem sog. Einheits- respektive Transparenzprinzip gesprochen (§ 15 EStG).[85]

Auf der Ebene der Personengesellschaft wird lediglich eine Ermittlung der Einkünfte hinsichtlich ihrer Art und Höhe vorgenommen, was als Grundlage für die Einkommensbesteuerung dient.[86] Lediglich die Gewerbesteuer wird auf der Ebene der Gesellschaft erhoben. Diese wird aber den Gesellschaftern angerechnet (§ 35a EStG).[87]

Wenn eine **Personengesellschaft als Mitunternehmer** zu klassifizieren ist, ist sie somit ein Gewerbebetrieb und unterliegt damit selbst der Gewerbesteuer. Sie ist mit ihrem Gewerbebetrieb, der im Inland betrieben wird, Steuersubjekt (§ 2 GewStG), wonach die Gewerbesteuer nebst Nebenleistungen keine Betriebsausgaben sind. Die Einkommensteuerermäßigung beträgt dabei das 3,8-fache des Gewerbesteuermessbetrags. Somit würde sich bei einem Gewerbesteuersatz von 380 % eine komplette Anrechenbarkeit der Gewerbesteuer auf die Einkommensteuer einer natürlichen Person als Gesellschafter auswirken. Des Weiteren beträgt die Steuermesszahl für den Gewerbeertrag 3,5 %. Außerdem werden noch folgende zusätzliche Entgelte, sofern die Summe der Beträge 100.000 € nicht übersteigt, hinzugerechnet: Schulden, Renten und dauernde Lasten von 25 % sowie Gewinnanteile des stillen Gesellschafters mit jeweils 25 %; Miet- und Pachtzinsen für bewegliches Anlagevermögen mit 5 % und unbewegliches Anlagevermögen mit 18,75 %.[88]

---

[83] Vgl. *Schreiber* (2017), S. 235.
[84] Vgl. *Huber/Rinnert* (2019), S. 157.
[85] Vgl. *Jacobs* et al. (2015), S. 543; *Schreiber* (2017), S. 239.
[86] Vgl. *Wollgarten* (2010), S. 391.
[87] Vgl. *Huber/Rinnert* (2019), S. 157.
[88] Vgl. *Huber/Rinnert* (2019), S. 158–159.

Bezüglich der **Gewinnermittlung** für Gesellschafter ist ein zweistufiges Verfahren anzuwenden.[89] So ist in der ersten Stufe der gesamthänderisch erwirtschaftete Gewinn und ggf. das Ergebnis aus der Ergänzungsbilanz zu ermitteln. In der zweiten Stufe erfolgt die Ermittlung der Ergebnisse eventueller Sonderbilanzen und -vergütungen.[90] Durch dieses Verfahren ergeben sich Auswirkungen auf den Umfang der gewerblichen Einkünfte der Mitunternehmer sowie auf den Umfang des Betriebsvermögens und des Gewerbeertrags bei der Mitunternehmerschaft und auf den Umfang des Betriebsvermögens.[91]

Die **Gewinnverteilung** kann gesetzlich oder durch den Gesellschaftsvertrag geregelt sein. Die gesetzlichen Verteilungsschlüssel sind bei der GbR nach Köpfen (§ 722 BGB), bei der OHG 4 % vom Kapitalanteil, der Rest nach Köpfen (§ 121 HGB) sowie bei der KG 4 % vom Kapitalanteil, der Rest im angemessenen Verhältnis (§ 121, HGB).[92]

2.1.2 Ertragssteuerliche Besteuerung von Kapitalgesellschaften

Kapitalgesellschaften sind Steuersubjekte, da den Gesellschaftern das Kapital sowie Gewinne und Verluste ertragsteuerlich nicht zugerechnet werden, was dem Trennungsprinzip entspricht und damit den Dualismus untermauert.[93] Dies hat zur Folge, dass die Gesellschaft als juristische Person sowie die Gesellschafter als natürliche Personen und somit als zwei voneinander getrennte Besteuerungssubjekte angesehen werden.[94]

Die **inländische Kapitalgesellschaft** ist als eigenständige juristische Person und kraft Rechtsform unbeschränkt körperschafts- (mit Abschluss des notariellen Gründungsvertrags) und gewerbesteuerpflichtig (mit Erlangung der Rechtsfähigkeit, und vorher mit einer nach außen hin in Erscheinung tretende Geschäftstätigkeit, wenn ein notarieller Gesellschaftsvertrag vorliegt) (§ 1 Abs. 1 Nr. 1 KStG

---

[89] Vgl. *Huber/Rinnert* (2019), S. 157.
[90] Vgl. *Niehus/Wilke* (2010), 56 ff.
[91] Vgl. *Schempf* et al. (2018), S. 131.
[92] Vgl. *Schempf* et al. (2018), S. 131.
[93] Vgl. *Schreiber* (2017), S. 10.
[94] Vgl. *Kraft/Kraft* (2018), S. 220.

und § 2 Abs. 1 GewStG).[95] So wird der handelsrechtlich erwirtschaftete Gewinn innerhalb eines Jahres[96] mit 15% Körperschaftsteuer zzgl. 5,5% Solidaritätszuschlag belastet.[97] Bzgl. dem Gewerbesteuer liegen weder Hinzurechnungen oder Kürzungen vor, weshalb der Gewerbebetrag direkt mit dem ortsabhängig Hebesatz und der Steuermesszahl von 3,5 % zu multiplizieren ist.[98] Auch die Umsatzsteuerpflicht tritt mit Beginn der ersten, nach außen erkennbaren wirtschaftlichen Tätigkeit ein – auch für Vorbereitungshandlungen.[99]

Eine Besteuerung der Gewinne auf **Ebene des Gesellschafters** findet erst bei dessen Ausschüttung statt und wird dann in der Regel als zu versteuerbare Einkünfte aus Kapitalvermögen angesehen (§ 20 EstG).[100] Es besteht allerdings ein Unterschied zwischen Beteiligungen im Privatvermögen des Anteilseigners sowie solchen, die im Betriebsvermögen gehalten werden.[101] Hält der Gesellschafter die Anteile im Privatvermögen, so unterliegen die Gewinnausschüttungen der Abgeltungsteuer mit 25 % zzgl. Solidaritätszuschlag (§ 32d EstG). [102] Eine Besteuerung der Dividende mit dem persönlichen Einkommensteuersatz kommt nur dann zur Anwendung, wenn dieser unter 25% liegt und bei einer sog. Günstigerprüfung zu einer geringeren Steuerbelastung führt. Des Weiteren kann die Besteuerung der Gewinnausschüttung nach dem Teileinkünfteverfahren erfolgen, sofern der Gesellschafter unternehmerisch an der Kapitalgesellschaft beteiligt ist. Dies ist der Fall, wenn er unmittelbar oder mittelbar mehr als 25% der Anteile an der Gesellschaft hat oder wenn er zu mindestens 1% beteiligt und zugleich beruflich für die Gesellschaft tätig ist. Hingegen kommt eine Besteuerung nach dem Teileinkünfteverfahren zur Anwendung, wenn sich die Anteile im Betriebsvermögen des Anteilseigners befinden.[103]

---

[95] Vgl. *Niehus/Wilke* (2010), S. 17; *Jacobs* et al. (2015), S. 553; *Huber/Rinnert* (2019), S. 165–166.
[96] Vgl. *Huber/Rinnert* (2019), S. 168.
[97] Vgl. *Rödding* (2008), § 3, Rn. 23.
[98] Vgl. *Georg* (2019), S. 42.
[99] Vgl. *Huber/Rinnert* (2019), S. 165.
[100] Vgl. *Schneeloch* et al. (2016), S. 159.
[101] Vgl. *Kraft/Kraft* (2018), S. 249–250.
[102] Vgl. *Jacobs* et al. (2015), S. 554; *Schneeloch* et al. (2016), S. 164.
[103] Vgl. *Kraft/Kraft* (2018), S. 250.

2.1.3 Zusammenfassung beider ertragssteuerlichen Besteuerungen

Der Gesellschafter einer Kapitalgesellschaft ist gegenüber einem Gesellschafter einer Personengesellschaft bessergestellt, da er unterschiedliche Einkunftsarten aufweist. Sowohl die daraus resultierenden Sonderregelungen, die zu einer Verringerung der Bemessungsgrundlage führen, als auch die Anwendung des Halbeinkünfteverfahrens führen damit zu einem Vorteil.[104]

Im Falle von Verlusten ist jedoch der Gesellschafter einer Kapitalgesellschaft schlechter gestellt, da sie ihm - anders als bei dem Gesellschafter einer Personengesellschaft - nicht direkt angerechnet werden und somit auf der Ebene der Gesellschaft verbleiben. Des Weiteren bietet die Personengesellschaft bei der Gewerbesteuer und durch die Steuererleichterung gemäß § 35 EstG eine Bevorzugung. [105]

2.2 Steuerliche Empfehlung des Beispiels

Zur Erinnerung: Maxx und Mohritz schätzen den Unternehmensrohertrag im ersten Jahr auf 190.000 € und setzen ein jeweiliges Geschäftsführergehalt von 35.000 € an.

2.2.1 GmbH

Die angegebenen Gehälter müssen für den Fortlauf der Berechnung von dem Rohertrag abgezogen werden. Da sich die Besteuerung auf der Ebene der Gesellschaft aus der Körperschafts- und der Gewerbesteuersteuer (Hebesatz wird auf 440 % gesetzt) sowie dem Solidaritätszuschlag zusammensetzt, müssen diese bedacht werden.[106] Da keine Gewinnausschüttung erwähnt wird, wird davon ausgegangen, dass diese vollumfänglich thesauriert wird.

---

[104] Vgl. *Schempf* et al. (2018), S. 143.
[105] Vgl. *Schempf* et al. (2018), S. 143.
[106] Vgl. *Schempf* et al. (2018), S. 124.

Unternehmensrohertrag	190.000 €
- Gehälter	70.000 €
Steuerpflichtiger Jahresüberschuss	120.000 €
- GewSt (M = 3,5 %; H = 400 %)	16.800 €
- KSt (15 %)	18.000 €
- SolZ (5,5 %)	990 €
Steuern	35.790 €
Gewinn nach Steuern	84.210 €

Tabelle 17 - Besteuerung auf der Ebene der GmbH[107]

Die GmbH trägt eine Steuerlast von 35.790 €.

2.2.2 OHG

Der Gewinn von 190.000 € wird ohne Abzug der Gehälter versteuert. Der Freibetrag von 24.500 € bei der Ermittlung der Gewerbesteuer gilt es zu beachten. Ebenso wird auf der Ebene keine Gewerbesteuer entrichtet.

Unternehmensrohertrag	190.000 €
+ Gehälter	70.000 €
Steuerpflichtiger Jahresüberschuss	260.000 €
- GewSt (M = 3,5 %; H = 400 %)	32.970 €
Steuern	32.970 €
Gewinn nach Steuern	227.030 €

Tabelle 18 - Besteuerung auf der Ebene der OHG[108]

Die OHG trägt eine Steuerlast von 32.970 €.

Fazit: Die OHG hat eine niedrigere Steuerbelastung.

---

[107] Eigene Darstellung
[108] Eigene Darstellung

Literaturverzeichnis

Baetge, J./Kirsch, H.-J./Thiele, S. (2004), Bilanzanalyse, 2. Aufl., Düsseldorf.

Daimler AG (2020), Daimler Geschäftsbericht 2019.

Georg, S. (2019), Basiswissen betriebliche Steuerlehre, Wiesbaden.

Heesen, B./Gruber, W. (2018), Bilanzanalyse und Kennzahlen, Wiesbaden.

Huber, S./Rinnert, A. (2019), Rechtsformen und Rechtsformwahl, Wiesbaden.

Jacobs, O. H./Scheffler, W./Spengel, C. (2015), Unternehmensbesteuerung und Rechtsform. Handbuch zur Besteuerung deutscher Unternehmen, 5. Aufl., München.

Kraft, C./Kraft, G. (2018), Grundlagen der Unternehmensbesteuerung, Wiesbaden.

Kühnel, S./Schempf, T./Hiller, M. (2020), Bilanztheorie und Bilanzpolitik, Studienbrief der SRH Fernhochschule, Riedlingen, 3. Auflage.

Matthiesen, S. (2018), Bilanzierung für Einsteiger, 1. Auflage.

microtech (o. J.), Bilanzkennzahlen, in: https://www.microtech.de/erp-wiki/bilanzkennzahlen/, abgerufen am 4. 1. 2021.

Nickenig, K. (2018), Die Bilanz im Unternehmen, Wiesbaden.

Niehus, U./Wilke, H. (2010), Die Besteuerung der Personengesellschaften, 5. Aufl., Stuttgart.

Rödding, A. (2008), Rechtsformwahl. In: *Lüdicke, J./Beutel, D.* (Hrsg.), Unternehmensteuerrecht. Gründung, Finanzierung, Umstrukturierung, Übertragung, Liquidation, München.

Schempf, T./Hiller, M./Kühnel, S. (2018), Betriebliche Steuerlehre, Studienbrief der SRH Fernhochschule, Riedlingen.

Schneeloch, D./Meyering, S./Patek, G. (2016), Betriebswirtschaftliche Steuerlehre Band 1: Grundlagen der Besteuerung, Ertragsteuern, 7. Aufl., München.

Schreiber, U. (2017), Besteuerung der Unternehmen, 4. Aufl., Wiesbaden.

Sellhorn, T./Hahn, S./Lerchenmüller, J. (2015), Jahresabschlüsse und Jahresabschlussanalysen, Düsseldorf.

Wollgarten, W. (2010), Gewinnermittlung bei der Personengesellschaft. In: *Breithaupt, J./Ottersbach, J. H./Altendorf, K.* (Hrsg.), Kompendium

Gesellschaftsrecht. Formwahl, Gestaltung, Muster für die Praxis ; [mit neuem GmbH-Recht, München, S. 380–400.

Wünsche, M. (2016), Prüfungsvorbereitung Bilanzbuchhalter IHK, Wiesbaden.